LE CHEVALIER
BEAU-TEMPS

TYPOGRAPHIE DE A. POUGIN
13, QUAI VOLTAIRE, 13

Cet ouvrage a été tiré à 30 exemplaires sur papier de Chine et numérotés.

QUATRELLES

LE CHEVALIER
BEAU-TEMPS

PRÉFACE D'ALEXANDRE DUMAS FILS

VIGNETTES DE GUSTAVE DORÉ

PARIS
TYPOGRAPHIE DE A. POUGIN
13, QUAI VOLTAIRE, 13

1871

PRÉFACE

Mon cher Quatrelles,

Je viens de lire votre nouvelle LE CHEVALIER BEAU-TEMPS. *Elle est charmante, toute amitié à part. J'y ai retrouvé cette histoire éternelle, vieille comme hier, jeune comme demain, des premières amours qui naissent si facilement, qui meurent si vite et qui tuent quelquefois, en passant, pour avoir des compagnons de route.*

Ce qui est admirable dans ces romans de l'amour, c'est que le lecteur ne demande nul compte à l'objet aimé de sa valeur réelle. Que l'héroïne soit une grande dame, une grisette, une vierge, une courtisane, qu'importe? pourvu qu'elle soit aimée et qu'elle aime!

Amantes immortelles, Juliette, Virginie, Manon, Clarisse, Héloïse, quelles émotions vous nous avez données! quel mal vous nous avez fait! Comme vous nous avez entraînés derrière vous à la poursuite de cet idéal qui vous attirait vous-mêmes, semblables à ces feux follets qui emportent vers les précipices, en les faisant trébucher dans les tombes des cimetières, les voyageurs attardés! Quelles grâces, quelle vraisemblance vous avez prêtées à l'impossible, avant de venir fatalement, au dernier mot du poëme, vous casser la tête contre la réalité! Dormez en paix, ou plutôt vivez en paix dans la mémoire des hommes, car le génie a soufflé en vous et il ne vous a tuées que pour vous ressusciter à tout jamais. Tant qu'il y aura une jeunesse sur la terre, elle voudra vous connaître, elle vous glorifiera et pleurera sur vous. Cependant ne comptez plus beaucoup sur des recrues nouvelles. L'amour romanesque s'en va, la raison nous envahit, la vérité s'impose. Nous ne voudrons bientôt plus mourir pour des chimères, nous ne voudrons plus courir après des spectres. Adieu, beaux contes de fées de la vingtième année; nous vous écouterons encore avec une larme dans les yeux; nous vous regretterons, mais nous ne vous croirons plus. Vendons la cage, l'oiseau bleu est mort; l'ogre l'a fait rôtir et le loup l'a mangé.

Permettez-moi pourtant aujourd'hui, mesdames et mesdemoiselles, de vous faire faire connaissance avec le chevalier Beau-Temps! un de vos derniers fidèles! Il va vous raconter son histoire! Vous verrez comme elle est simple et touchante! Vrai, j'ai pleuré, moi qui vous parle. À ce récit, j'ai vu repasser devant mes yeux tout ce que je ne reverrai plus que dans mes souvenirs : ma chambre de garçon, le portier confident, un soleil qui ne se levait que pour moi, ma gaieté, ma confiance, mon orgueil, ma candeur, ma chère bêtise enfin, qui me faisait dire : « Tous les hommes se ressemblent! Il n'y a que moi qui suis autrement! » Nous jetions l'amour par les fenêtres avec une prodigalité royale! Quels princes nous étions! Notre couronne est tombée et les cheveux avec. Passez, jeunes filles, passez.

C'est toi, Manon Lescaut, c'est toi, ma belle amie, que je charge de présenter ce bon jeune homme à tes grandes camarades d'éternité. Il n'y a plus de préjugés là où vous êtes maintenant. Toutes mortes par l'amour et pour l'amour, vous vous fréquentez toutes, sans distinction de naissance et de rang. Vous voilà toutes désormais de la même famille.

Ce doit être charmant, Juliette faisant ses confidences à Manon! Virginie consolant Clarisse! Lovelace est-il pardonné? Saint-Preux commence-t-il à rire un peu? Comme Werther et Paul doivent se comprendre! Ces héros ne se trompent pas d'héroïne, n'est-ce pas? Roméo n'escalade pas le balcon de Desdémone, et Paul ne te porte pas au-dessus des torrents? Vous avez bien tous là-haut ce que vous rêviez ici-bas. Enfin vous êtes heureux! Eh bien, ma chère Manon, profites-en pour présenter mon chevalier, petit-fils de des Grieux. Il est timide, il n'est pas encore très-connu, mais il est un peu ton parent, de la main gauche; il est digne d'entrer, dignus est intrare. *Il a cru* que c'était arrivé, *comme nous disons sur la terre. Il en est mort, tout bonnement, et très-philosophiquement, ma foi. Il a écrit, avant de mourir, à sa Marcelle, une lettre qui est un petit chef-d'œuvre. Il lui conseille de ne pas se déranger pour venir au cimetière, si c'est l'heure de sa répétition. Oh! il la connaît bien! Je parierais, moi, qu'elle a voulu y aller, — mais qu'elle n'a pas pu. Les matinées sont si courtes!*

Cette Marcelle est une espèce d'actrice

d'un théâtre quelconque. Tu me diras que la position n'y fait rien; je suis de ton avis. Il l'aime, voilà le fait, et il en meurt, voilà tout. Certes, tu n'étais pas une vertu; mais, sans compliments, tu avais un autre cœur que cette gaillarde-là. Et puis c'était toi qui mourais, tu donnais ce bon exemple. Aujourd'hui l'homme abdique, il n'en peut plus; c'est lui qui meurt. La femme triomphe sur toute la ligne, et l'autel de Vénus, de la Vénus populaire, fume du matin au soir. Ses prêtresses ont un uniforme particulier, savais-tu cela? On les reconnaît tout de suite. Elles ont les yeux peints en noir, les lèvres peintes en rouge, la face peinte en blanc, les joues peintes en rose et les cheveux peints en jaune. On les recrute partout, dans les magasins, dans les pensionnats, dans les rues, dans les salons, à la Morgue. Il y a là des créatures qui sont mortes du temps de Charlemagne et qui ont l'air d'avoir quinze ans. C'est l'électricité qui leur prête le mouvement et l'apparence de la vie. Plus d'âme, plus d'âme du tout. On prend ça dans ses mains sans ôter ses gants, bien entendu; on sent le froid à travers et les mains glissent comme sur de l'argile émaillée.

Cela ne s'arrêtera pas là, dit-on. Un grand astrologue affirme que l'humanité ne sera bientôt plus qu'une mascarade universelle conduite par un Musard gigantesque, éclairée par un bûcher colossal, où les générations nouvelles viendront jeter, en hurlant, toutes les poésies, toutes les sciences, toutes les grandeurs, toutes les convictions, toutes les lois, toutes les consciences, tous les efforts, tout le génie des siècles antérieurs. Il y aura tant à jeter au feu, que les larmes et le sang répandus par les victimes, les apôtres et les martyrs du bien, et recueillis jusqu'à ce jour par l'espérance et la pitié de l'histoire, ne pourront pas éteindre les flammes et que le soleil en sera brûlé. Nous ne trouverons de fraîcheur, dit ce méchant prophète, qu'à l'ombre de l'unique statue de Rigolboche, plus grande que Babel, plantée sur les Carpathes, tandis que, du haut des Montagnes rocheuses, une Thérésa de cent mille coudées, bénissant ce vacarme effroyable, chantera jusque dans les cieux l'hymne de la matière et les psaumes du néant.

Voilà ce qu'on promet; je t'en fais part à la hâte, puisque j'ai, grâce à ce petit livre, une occasion de correspondre avec toi. Ceci doit t'intéresser, ma chère Manon, car c'est toi qui chez nous as fait souche de ces dames. Tu es bien un peu responsable; et moi, je ne sais pas trop si l'on ne m'accusera pas de complicité. J'ai Marguerite Gauthier sur la conscience; mais je t'avertis qu'au jour du jugement je crierai de toutes mes forces : C'est Manon qui a commencé.

J'espère, entre nous, que les choses n'iront pas aussi mal qu'on le pense. Je puis même t'annoncer (maintenant que ta position est faite et que tu n'as plus rien à craindre) que ces dames ont fait leur temps. Elles auront eu leur règne, comme toutes les folies humaines, comme les Coucous, la Terreur et la Loterie; mais elles disparaîtront au premier rayon du jour et au premier cri de l'alouette. Je crois même que le chevalier Beau-Temps sera le dernier blanc que ces négresses teintes auront dévoré. Raison de plus pour que tu le patronnes, il n'a que juste le temps de se faire admettre. Aujourd'hui il est encore un innocent, demain il ne serait peut-être qu'un imbécile. On ne sait jamais bien ce qu'on deviendra, quand on aime dans de certains endroits.

Adieu, ma chère manon; tous mes respects à Virginie et tous mes hommages à Charlotte.

A. Dumas fils.

LE CHEVALIER

BEAU-TEMPS

A Monsieur Alain Quatrelles, à Josselin (Morbihan).

Paris, juillet 1869

Cher frère,

Je suis donc installé rue d'Enfer, dans le petit appartement que nous avons découvert ensemble ; c'est là que tu m'écriras à l'avenir. Les ouvriers ont touché à tout, et tu ne reconnaîtrais plus le triste logis où l'on venait de mourir. Le soleil a repris ses habitudes familières ; le Luxembourg m'envoie des nuées d'oiseaux qui, jusque dans ma chambre, picorent les miettes de mon pain.

Mes faïences, mes armes sont rivées au mur, mes livres sont en place ; et tout cela pour longtemps, je l'espère. La mort n'a plus rien à voir ici.

J'allais même oublier, comme tout le monde, le locataire que j'ai remplacé, lorsqu'un ouvrier, en collant du papier dans le fond d'une armoire, a trouvé les lettres ci-jointes qui sont presque toutes du pauvre mort. Personne ne venait plus le voir ; on ne lui connaissait ni parents, ni amis ; je ne savais donc à qui remettre cette correspondance. Je l'ai lue et je te l'envoie. Elle te touchera comme elle m'a touché. Tu me la rendras quand j'irai te voir aux vacances.

Donne un bon baiser à notre mère et porte-le en compte.

A toi,

JEAN QUATRELLES.

Si tu y penses, rappelle-moi au souvenir de Geneviève, mais ne lui confie pas mon envoi. On rend les filles orgueilleuses et féroces, quand on a l'imprudence de leur laisser voir tout ce qu'un homme peut souffrir par elles sans les moins aimer pour cela.

I

Je vous prie de vous trouver au train d'Enghien à trois heures.

MARCELLE.

—∞—

II

Je suis en voiture, viens.

MARCELLE.

III

Mon pauvre cher,

Que c'est triste de ne pas te voir! Que c'est long les journées! que c'est long les nuits! Aussi, demain samedi, si tu le peux, prends le train de neuf heures; je serai à la gare à t'attendre. Je t'embrasse, et encore, et toujours. Voici des violettes; elles ne sont pas jolies, mais ce sont les premières.

M.

IV

Se trouver à trois heures au chemin de fer. Si je n'y suis pas, attendre.

La pauvre MARCELLE.

—⁂—

V

Que c'est donc triste de se quitter !

Je suis un peu malade ce matin. J'ai mal dormi. Qu'il a été long le chemin hier sans toi ! C'est si près, Enghien, quand tu es avec moi !

Comme tu as été mignon hier ! As-tu pensé à moi hier soir? Comme il faisait beau dans ton jardin ! On est bien mal en chemin de fer pour écrire. Je puis toujours te dire que je t'aime beaucoup, quoique tu le saches bien.

Je voudrais sentir tes lèvres, tenir tes mains ! Il me semble que je ne vais pas te voir aujourd'hui. C'est absurde, puisque je t'aime et que « vous me trouvez

très-agréable. » Mon Dieu ! que je t'aime!

MARCELLE.

Je t'envoie toutes les fleurs du jardin.

VI

16 novembre.

J'ai fait ce matin une découverte incroyable. Sais-tu bien qu'il y aura demain six mois que dure notre roman? Moi qui croyais n'en être encore qu'au premier chapitre!

Je n'écris pas cette lettre pour que tu la lises; je ne sais pas pourquoi je te l'envoie. Arrivé à cette première étape, j'éprouve le besoin de savourer ce court passé dans lequel est entassé tout le bonheur de ma vie. C'est l'inventaire de mes joies que je veux dresser ici; tu les connais de reste, puisqu'elles me viennent toutes de toi. Ne lis donc ces lignes que si tu n'as rien de mieux à faire ; en réalité, c'est à moi-même que je les adresse.

Je te parlai pour la première fois le 17 mai. On jouait *la Folle d'Athènes.* Je n'avais pas encore abordé le théâtre ; aussi, blotti derrière un portant, je tremblais à faire pitié. Comme on ne savait pas si le public accueillerait bien mon ouvrage, personne ne m'adressait la parole. Des sonorités sauvages ou ridicules m'arrivaient de la scène et de l'orchestre. Pendant que mon opéra se jouait, j'en entendais un autre cent fois préférable, que je me maudissais de n'avoir pas écrit. Mes yeux ne rencontraient que des décors mal assujettis, des costumes absurdes; mes oreilles n'entendaient que des sons criards, des mélodies vulgaires ; j'en étais venu à trouver absurde que le public ne sifflât pas, et à désirer la chute du rideau avant la fin de l'épreuve.

C'est alors que je te vis.

Mon cœur trouva moyen, je ne sais comment, de battre plus fort, non qu'il fût à toi déjà, mais parce que j'avais plus honte encore de mon œuvre depuis que je te voyais l'écouter. Je ne t'avais jamais aperçue que de la salle, et de près tu me parus bien plus belle ! Et puis, je savais quelle grande artiste tu es; aussi je ne tardai pas à oublier tout ce qui n'était pas toi. Pour moi, tu personnifiais le public, et si je t'avais vue donner le moindre signe d'improbation, je me serais certainement élancé sur la scène en criant : « Baissez le rideau, baissez le rideau ! »

Tu tenais du bout des doigts le battant d'une des portes du décor; tu l'écartais légèrement pour mieux entendre et voir. Tu écoutas d'abord avec intérêt, puis l'émotion te gagna. Quand X... voulut te parler, tu le repoussas très-rudement. Combien j'étais reconnaissant de l'intérêt avec lequel tu écoutais ma musique, et comme je la trouvais mieux depuis qu'elle te plaisait! Quand le rideau tomba, tu te mis à applaudir, et moi, j'attribuais naïvement au choc de tes deux mains mignonnes tout le bruit des applaudissements.

2

J'avais oublié la salle aussi bien que la scène, et te voyant battre des mains, j'allais en faire autant, ne sachant plus de qui était l'ouvrage qu'on venait de représenter.

Lorely allait rentrer dans la coulisse par cette même porte auprès de laquelle tu te tenais; je me le rappelai à temps, sans quoi tu eusses été blessée. Je m'élançai et te pris dans mes bras pour te préserver. Je vis alors tes yeux remplis de larmes. Lorely poussa brusquement les battants de la porte et, nous voyant enlacés, ne put retenir un éclat de rire. — A merveille !... je vois, cher monsieur Olivier, que les premières ne vous font pas perdre la tête. Quant à toi, Marcelle, tu as bien vite tourné du côté du soleil levant. »

Tu te dégageas, me remercias, et je te saluai.

Quand Lorely sut que nous ne nous connaissions pas, il nous présenta l'un à l'autre. — « Marcelle, monsieur est l'auteur de *la Folle d'Athènes,* un apprenti triomphateur. Monsieur Olivier, la dame que vous tenez dans vos bras est

Mlle Marcelle, une victorieuse de cinquième année. Embrassez-vous, et puisse cette connaissance, ébauchée un jour de triomphe, se perpétuer de la même façon. » — Tu me tendis la joue. J'allais en profiter quand on m'entoura, et je fus entraîné.

Le lendemain, je te revis au théâtre. Tu me demandas un rôle et cela me flatta énormément. Je mourais d'envie de te parler de ce baiser offert la veille et que je n'avais pas pris, mais je n'osai pas. On devient si poltron quand on aime! J'avais cependant construit tout le jour des phrases d'un effet sûr, dont je compris fort heureusement tout le ridicule au moment de les prononcer. Il est certain que si tu n'avais pas été toi-même sur la pente de m'aimer, tu aurais fait allusion à ma déconvenue. Il n'en fut pas dit un mot. Tu me fis remarquer que tu jouais dans la seconde pièce, que nous avions chance de nous voir trois fois par semaine, et tu insistas pour que je vinsse régulièrement.

Je ne dormis pas cette nuit-là. L'idée que tu pourrais m'aimer ne me vint pas. Cependant mon cœur se détachait de moi pour aller vers toi avec une rapidité qui me donnait le vertige. Pendant quelques heures, je m'abandonnai à ce courant de tendresse et je le sentais qui m'emportait... qui m'emportait... si fort, si vite, si loin, que la peur me prit. L'analyse que je fis de la situation n'était pas de nature à me rassurer. Il ne m'était pas permis de me faire illusion sur mes mérites ; ma vie plus que modeste était remplie par un travail duquel dépendaient mes maigres ressources ; je me rappelai avec tristesse ce que j'avais entendu dire autrefois sur ton genre de vie, sur tes relations avec B... Il n'en fallait pas tant pour me déterminer : je pris bravement le parti de la fuite. Huit jours se passèrent sans que je remisse les pieds au théâtre. Je les ai assez regrettés depuis, ces jours-là ! Lorely, que je rencontrai, parut froissé de ne pas m'avoir revu. Il me dit que tous ceux qui jouaient dans ma pièce s'étonnaient de mon indifférence. Je ne lui parlai de toi qu'après bien des hésitations.

— « Est-ce qu'on sait jamais comment elle va? C'est un Fantasio en jupon, gai et charmant par aventure, triste et insupportable sans qu'on sache pourquoi. En ce moment, par exemple, elle ne quitte plus sa loge que pour entrer en scène; à peine est-elle libre qu'elle s'y renferme de nouveau. Depuis cinq ou six jours, elle ne parle plus à personne et joue en dépit du bon sens. Il suffit que son perroquet soit malade ou que B... lui porte sur les nerfs. Cela passera tout d'un coup. Venez ce soir au théâtre ou je me fâcherai. »

Je promis à Lorely d'aller le voir et je te vis.

Tu ne me parlas pas d'abord. Chaque fois que j'allais vers toi, tu t'éloignais. Je remarquai cependant que tu ne remontais pas dans ta loge. Un moment vint où nous nous trouvâmes seuls dans les coulisses de droite. Tu t'approchas de moi et me dis avec un peu d'humeur :

« — Qu'êtes-vous donc devenu depuis huit jours? C'est miracle, vraiment, que de vous voir. Si vous tenez toujours ainsi vos promesses, je ne vous en fais pas mon compliment. »

Et comme j'allais m'excuser :

« — Que faisiez-vous hier soir à minuit? J'ai passé sous vos fenêtres et n'y ai pas vu de lumière.

— Comment!.. vous savez où sont mes fenêtres?

— Ce n'a pas été sans peine que je l'ai su. A l'avenir, quand je vous dirai de venir, j'entends que vous veniez et que vous ne vous fassiez plus désirer... (et tu ajoutas en souriant) comme si vous en valiez la peine. Je vous suis donc bien indifférente?

— Et qui vous dit que je ne cherche pas à fuir un sentiment tout opposé dont je comprends....

— Ne me dites pas de ces choses-là, vous devez savoir que je ne puis pas les entendre... »

Tu me fermas la bouche avec trois brins

de rose que tu me laissas. Puis tu entras en scène.

Depuis ce jour-là, que d'heures bénies!

Tu te rappelles nos courses furtives, le soir, à la sortie du théâtre, et les chemins insensés

que nous prenions au grand déplaisir des cochers ; nos promenades à travers les bois, précédées ou suivies de dînettes à mourir de faim et de rire; ton refus de visiter mon appartement de garçon, et la trouvaille que je fis alors d'une chambre bien blanche dans un hôtel de Ville-d'Avray, et les féeries que nous y avons improvisées. Tout était, pour toi, le prétexte d'une joie, d'une surprise... ou d'un éclat de rire : le pain de campagne auquel tu trouvais une saveur de noisette, le vin du cru que tu sablais en te cramponnant à la table, les sentiers où nous trouvions des fleurs qui ne poussaient que pour nous, nos désappointements, nos colères, lorsque, au retour, quelque maladroit se permettait d'entrer dans notre compartiment. Avons-nous ri devant les deux images qui embellissaient notre sanctuaire : « L'amour fait passer le temps; le temps fait passer l'amour! » Et quelle fête le jour où je t'ai présenté Don Carlos! La connaissance fut bientôt faite. Dès qu'il te vit il fut à toi et posa ses grosses pattes sur tes épaules, ce qui te fit quelque peu chanceler. L'as-tu assez gâté, depuis! Et notre station à la gare de Nanterre, sous une pluie de fleurs d'acacias ; et le beau temps qu'il faisait toujours quand nous nous voyions, coïncidence heureuse qui m'a valu le nom de : « Chevalier Beau-Temps; » et notre dîner à Ville-d'Avray avec Lucile! Pendant qu'elle écrivait une lettre que je devais emporter et mettre à la poste en arrivant à Paris, nous nous étions accoudés sur la balustrade de la fenêtre; ta tête était appuyée sur mon épaule et de temps en temps le vent du soir faisait courir tes cheveux sur mon cou, ce qui me donnait des frissons adorables, quoique douloureux. Tu regardais l'étang tout rempli d'herbes, sur lequel la lune émiettait ses rayons. J'y penserai en mourant, à cette soirée-là. Et nos repas frauduleux chez toi, alors que M. B... était je ne sais où; nos transes alors qu'une sonnette tintait dans le quartier; nos grands travaux de jardinage et les beaux bouquets que j'emportais; on me les enviait tout le long du chemin. Et ce baiser d'il y a quelques jours, sous un rayon de lune, dans ton jardin, près de ce rosier-noisette; ce baiser qui dura assez longtemps pour que le dernier train fût parti quand j'arrivai à la gare, ce qui m'obligea de revenir à pied jusqu'à Puteaux! Je fis le reste du chemin dans une voiture de maraîcher qui s'en allait au pas à la Halle. Tu n'as jamais su cela; je ne m'en suis pas vanté, de peur de voir rogner une seconde aux baisers de l'avenir.

Maintenant que les dernières feuilles sont tombées, il faut dire au revoir à tout cela; tes répétitions vont absorber tes journées, et tu ne seras plus libre le soir. Et puis les succès vont revenir, qui effaceront tous ces souvenirs.

Oublie ces dernières lignes, elles sont impies et je m'en veux de les avoir écrites. Il faut me pardonner, mais j'ai peur. C'est que je suis encore à me demander comment Dieu a permis que je fusse si heureux.

Bah! je vais, l'hiver durant, ruminer mes chers souvenirs, et quand reviendront les feuilles nouvelles, elles nous ramèneront de nouvelles amours. Après tout, s'il fallait en mourir, de cet amour-là, j'en mourrais, et voilà tout !

Après-demain, je t'attendrai à la gare...

Olivier.

VII

Ma bonne chérie,

Qu'es-tu devenue hier soir? Tu devais être au n° 9, mais la loge était vide. Le n° 7 était grillé de telle sorte qu'il était impossible de rien distinguer au fond de ce cloître. Y étais-tu? Je ne le crois pas, tu te serais montrée une seconde. Je suis resté à l'entrée de l'orchestre pendant « *la Carmélite* » et le premier acte du « *Mariage sans conséquence.* » Je suis allé dans le couloir, pensant que, fatiguée, tu sortirais peut-être; rien. J'ai cherché dans toutes les autres loges; rien. Je suis resté jusqu'à la fin sans en être récompensé.

Cela me tourmente beaucoup de penser que tu pourrais être souffrante sans que j'en pusse rien savoir. Je veux absolument croire que tu vas bien. Je vais m'appliquer, pendant nos vacances, à me bien porter, pour redevenir joli, joli; car il paraît que je suis moins *beau* de jour en jour, si je te crois.

Soigne-toi bien, chère aimée; je ne veux pas te voir pendant huit ou dix jours. Oublie-moi, mais tâche que ce soit au profit de ton rôle seulement, et n'en prends pas l'habitude. Enfin, pendant cette longue semaine, fais comme moi, ne pense qu'à Marcelle.

OLIVIER.

Je voudrais t'écrire des volumes, mais tu m'as recommandé de n'en rien faire.

VIII

Je n'ai pas de bonheur : on ne jouera pas demain la pièce que tu voulais voir. Écris-moi si quelque autre spectacle te fait envie, et je ferai en sorte de te satisfaire. A moins que notre chambre de Ville-d'Avray, le coin du feu et une aimable sagesse (*ad libitum*) ne te sourient davantage. J'exécuterai les ordres de mon cher despote.

Vos fleurs me tournent la tête; elles savent de qui tenir.

Un baiser pour moi au favori à quatre pattes, un souvenir au jardin, à vous tout ce que j'ai de bon dans l'âme!

OLIVIER.

IX

Novembre.

Cher beau pays de Ville-d'Avray,

Laisse-moi te dire merci pour tout le bonheur que j'ai trouvé chez toi ; tu m'as toujours souri, et, quoi qu'il advienne, sois béni pour le passé ! Nous ne nous verrons plus guère : voilà l'hiver. Je pense à toi à chaque heure du jour.

Je ne savais pas ce que c'était que d'être heureux, j'apprendrai de même à connaître la douleur ; mais je conserverai intact et pur, jusqu'à la fin, le souvenir des beaux jours dont tu as été le témoin.

Permets, cher et bon pays, que je te fasse mes confidences. A qui les ferai-je si ce n'est à toi ?

Je voudrais écrire à ta chère Ève, beau paradis, et je n'ose pas. Tu ne saurais croire combien cela devient difficile de lui écrire. Elle me trouble à me faire trembler. Je pars le cœur plein d'amour, la tête pleine de gaieté ; quand j'arrive, elle me déconcerte; je ne fais, je ne dis que des sottises. Je t'écris pour que tu lui parles et que tu lui expliques dans quel état je suis. Plaide bien ma cause, cher paradis.

J'ai essayé de lui écrire, et jamais ma plume n'a autant pesé entre mes doigts. Je ne sais que lui dire combien je l'aime ; quand il faut tracer toute autre idée que celle-là, je n'y suis plus. — Je vais lui écrire gaiement, me dis-je ; et j'y renonce : une lettre gaie l'a fâchée. — Je vais lui écrire que je l'aime, et pour cela ma plume va courir la poste ; prends garde, elle ne veut pas être trop aimée. — Je vais alors lui dire ce qui m'attriste; défie-toi, garçon, elle ne veut pas de tristesse. — Je ne vais pas lui écrire du tout, quoiqu'il m'en coûte; ne fais pas cela, elle veut qu'on lui écrive; elle te l'a dit. Cher paradis, que faut-il que je fasse? Écrire, et n'être ni gai, ni mélancolique, ni aimant, ni banal, ni...

Il faut que je te prenne pour arbitre, mon cher paradis. Il paraît que j'ai dit, il y a trois semaines, alors qu'elle arrivait à midi à un rendez-vous donné pour neuf heures : « Je vous ai attendue trois heures. » — Toi qui me connais, toi qui as vu notre vie, toi qui m'as entendu et n'as rien oublié, qu'aurais-tu compris? Ceci assurément : « Je vous ai attendue trois heures, chère adorée : dites-moi vite qu'il n'est rien survenu qui vous puisse contrarier, et tout est pour le mieux. Quelque longue qu'ait été l'attente, quand je vous ai vue, que vous m'avez souri, nul ne peut être aussi heureux que moi. »

Eh bien, figure-toi qu'elle m'a encore reproché

ces six mots ce matin. Elle m'a dit, le cher bourreau : « Depuis cette phrase je vois en vous un révolté. »

Le singulier révolté ! Dis, Ville-d'Avray, qu'en penses-tu ? J'entonnais, à ce qu'il paraît, une *Marseillaise* prohibée, la *Marseillaise* des caniches.

Dis-lui, quand tu la verras, que je ne me croyais pas si coupable. Je ne me suis pas défendu, parce que je ne pouvais pas croire à de sérieux reproches, me sentant si complétement innocent. Sois mon avocat, bon paradis ; réunissez tous vos efforts, grands arbres, chambrette aux rideaux blancs, jardin fleuri ; dites-lui que lorsqu'on aime comme j'aime, on ne « grogne » pas pour une attente de trois heures, surtout lorsqu'on se sent aimé. Car elle m'aime, n'est-ce-pas ?

Il faut que je te conte ce qui s'est passé ce matin. Mais, pour l'amour du ciel, ne lui dis pas que je t'en ai parlé, elle ne pardonnerait pas. Elle m'a permis de me confesser ; elle m'a ordonné de venir à elle quand j'ai quelque chose sur le cœur; eh bien, cher pays, sois mon confessionnal. Seulement, si je commets quelque gaucherie, toi qui sais bien que je l'aime et ne puis vouloir lui rien dire qui la froisse, étouffe ma voix, n'est-ce pas?

Elle m'a fait beaucoup de peine ce matin, et, vois ce que c'est, si elle arrivait (comme mon cœur bat à cette pensée!), je ne saurais plus ni ce qu'elle a fait, ni ce qu'elle a dit; je baiserais sa semelle comme une patène.

Elle m'avait ordonné de l'attendre au premier étage, chez Bignon. Je n'avais pas osé entrer et j'allais et venais sur le trottoir, du boulevard au magasin de mercerie. — « Si elle ne venait pas? si elle s'en allait? quelle figure ferais-je? Je ne monterai pas qu'elle ne soit arrivée,» m'étais-je dit. Je pensais à quelque répétition avancée, à quelque incident indépendant de sa volonté.

La voiture approche: je la vois pimpante, jolie, rayonnante. Ces toilettes-là me font atrocement peur. — « Monte, » me dit-elle en ouvrant la portière. Puis aussitôt : « Je ne veux pas de vous aujourd'hui. » Et de dire au cocher : « Allez où je vous ai dit. »

Tu comprends, beau paradis, que j'étais un peu ébahi,... et triste! triste!

« Qu'est-ce que tu as ? Est-ce que tu vas prendre un air grognon ? »

Mon cœur était prêt à répondre : « J'ai, douce aimée, que je vivais de l'espoir de passer une heure près de vous et que cet espoir s'envole. Il est impossible que vous ne compreniez pas mon désappointement, et vous ne pouvez pas m'en vouloir, surtout lorsque je ne vous dis pas un mot de reproche.

— Pourquoi n'as-tu pas cherché à me voir?

— Chère aimée, j'ai cherché à vous voir, puisque je vous ai attendue à la gare hier soir et hier matin.

Et voilà que la chère adorée m'accuse de lui chercher querelle. Tu ne peux pas le croire, et cela est. Moi, lui chercher querelle, grand Dieu !

— Tu choisis mal ton moment pour me déplaire.

Elle m'a lancé ce coup dans le cœur, et après une menace sourde... que j'ai oubliée, elle m'a donné une commission à faire. La voiture s'est arrêtée devant un grand hôtel; elle est descendue.

— C'est là que tu déjeunes? ai-je dit timidement.

— Oui, adieu.

— Quand nous reverrons-nous?

— Je ne sais... je te le ferai dire.

Et ce fut tout. Pas un mot de regrèt, pas une bonne parole.

Tu crois peut-être que je lui en veux? Non, je l'adore, j'en suis fou plus que jamais. Tu penses qu'elle aurait pu me dire : « J'ai une lecture à entendre ce matin; je n'ai pas pu disposer d'une autre heure, et je t'ai sacrifié, parce que je sais que je puis te donner une belle revanche, et nous l'aurons. » — Quitte à ne pas me la donner.

Je ne m'en suis pas dit si long. En me rappelant

qu'elle m'avait laissé des ordres à exécuter, j'ai été soulagé, et je me suis hâté de les accomplir.

Ne l'accuse pas, Ville-d'Avray. Notre amour traverse une période critique. Il a franchi bien des

obstacles, il triomphera encore. Elle comprendra, la chère adorée, que ce n'est pas ma faute si je remplis souvent ce triste rôle d'amoureux transi. En tête-à-tête, sous nos chers rideaux blancs, ou à l'ombre de tes arbres, je ne suis pas ainsi; mais dans un fiacre qui nous emporte et la conduit je ne sais où, au reçu d'une désillusion, je ne puis pas sourire. Mais elle est bonne, quoiqu'elle soutienne le contraire, et, ces éclairs de méchanceté passés, elle comprend.

Quand tu la verras, dis-lui bien qu'elle est aimée sans réserve, que chacun de ses coups de griffes peut me faire froncer le sourcil, mais que j'aime jusqu'à mes blessures. Dis-lui aussi que j'ai cru devoir respecter ces quinze jours qui la séparent de la « première ». Si je n'écoutais que mon cœur et que ma tête, on me verrait errer jusqu'au milieu de la scène alors qu'elle répète. Si elle tolère les aventures, je ne les crains pas; la seule qui me fasse trembler, c'est de lui déplaire, et c'est précisément pourquoi je tremble.

Au revoir, beau paradis; parlez-lui de moi; j'en ai grand besoin en ce moment. Sa maison de Ville-d'Avray n'est plus abordable. Un nouveau serviteur y est installé, et l'on m'a dit que B... l'ayant choisi, il ne faut pas mettre ce cerbère dans la confidence. Toutes les portes se ferment, le théâtre va achever l'œuvre.

Eh non, bêta! puisqu'elle t'aime, tout s'ouvrira. Laisse passer ces quelques mauvais jours, et surtout ne lui romps pas la tête avec tes jérémiades.

Il me semble que je t'entends me dire, bon Ville-d'Avray : « — Elle t'aime, tu l'aimes, rendez-vous heureux l'un l'autre; » et tu dois être la vérité comme tu as été le bonheur.

Lundi, 1 heure.

OLIVIER.

X

Que s'est-il passé? je n'y comprends absolument rien. Avez-vous voulu me punir d'être parti? Je ne veux pas le croire, puisqu'en allant à Lyon je n'avais qu'un but : vous faire donner le rôle que vous m'avez demandé. Votre « amie », votre Lucile est-elle chez vous à la campagne? A-t-elle questionné vos domestiques? Vos secrets ont-ils été de la cuisine à l'antichambre et de l'antichambre au boudoir? Subissez-vous l'influence de tout cela? Êtes-vous souffrante? Voilà ce que je redoute. Le reste!... nous verrons bien.

Je ne m'explique pas que vous ne puissiez pas écrire deux lignes. Vous êtes seule presque toute la journée (me dites-vous) ; il me semble que je vous écrirais sous le couteau de la guillotine sans que le bourreau s'en doutât. Je sais bien qu'il vaudrait mieux penser aux lettres que j'ai reçues qu'à celles que je ne reçois pas. Je pense aux unes et je regrette les autres.

Je vous laisse souffrante, triste et effrayée; vos paroles ont l'air de présages; elles paraissent masquer des pensées que vous ne pouvez pas me dire; de longs jours s'écoulent sans que j'entende parler de vous.

Je laisse tout pour vous attendre; ma vie se passe dans les gares, je ne sais où.

Toutes les heures, je rentre chez moi en quête de lettres ; rien. Vous ririez bien si vous saviez tous ces petits détails dont ma vie est faite et qui, tous, se rapportent à vous.

Ce matin je rencontre un commissionnaire au coin de la rue de Tournon et de la rue de

Vaugirard. Il tenait un magnifique bouquet de roses.

— Vous venez de la place du Nord?

— Oui, monsieur.

— Ce bouquet vient d'Enghien?

— Cela se peut, monsieur.

— Alors, ce bouquet est pour moi.

— Je ne le crois pas. Je vais le porter rue des Feuillantines. Il m'a été confié par un monsieur pour Mme X., et vous ne me faites pas l'effet d'être Mme X.

Je me suis empressé d'oublier le nom de la dame.

J'aurais des volumes à vous écrire, mais vous n'êtes plus *agréable* du tout. Donc, c'est dit : je ne vous aimerai plus à partir de la semaine prochaine. Comme je vais t'aimer jusque-là, par exemple! Je sens bien, au mal que vous me faites, que le jour de te désaimer n'est pas encore arrivé.

Ton bouquet embaume comme si tu m'aimais encore. Je dis « ton bouquet, » peut-être ne vient-il pas de toi. On m'a dit : C'est un *monsieur* qui l'a apporté. — Vous voulez dire un commissionnaire? — Non, *un monsieur*. — Quel est cet homme bien mis qui porte tes bouquets?

Il me semble que je reconnais tes roses, cependant. Les roses couleur de chair se fanent les premières; les rouges perdent leurs feuilles sans se faner ; les blanches noircissent sans s'effeuiller. Comme tu riras si ce bouquet n'est pas de toi! Figure-toi que toute lettre, tout bouquet, qui passent et ne sont pas pour moi, il me semble qu'on me les vole.

Je t'ai promis d'être court; en voilà assez. Mes compliments à Lucile. A-t-elle reçu des nouvelles de son Georges? Et Don Carlos?

Comme il est difficile de s'arrêter!

OLIVIER.

XI

Qu'est-ce que cela veut dire? Ce ne peut être que le résultat d'un malentendu. Je sais que vous vous portez bien; j'ai vu de vos convives. Vous me quittez dimanche plus aimante que jamais, et puis sept jours se passent sans nouvelles. C'est la première fois que cela arrive. Il est une phrase de vous qui me sonne aux oreilles comme une fanfare.

« Avec cela qu'il est facile de dire aux gens qu'on ne les aime plus! »

Si c'est cela qui vous arrête, pour Dieu,

dites-le. Ecrivez-moi simplement: Adieu. Vous n'entendrez plus parler de moi; je le promets. Je vous garderai une éternelle reconnaissance pour le passé, et si je souffre, vous n'en saurez rien. Je ne vous ennuierai pas, vous pouvez en être certaine. Si c'est un jeu, il est par trop cruel; finissez-le, je vous en supplie.

Il est impossible que vous n'ayez pas trouvé le moyen de m'adresser un mot. Si vous n'en avez rien fait, c'est que vous ne l'avez pas voulu.

Hier soir je suis allé à Enghien. Je me suis bien gardé d'aller du côté de chez vous : je serais entré coûte que coûte. Si vous avez voulu me faire mal, je jure Dieu que vous devez être contente. Arrêtez-vous.

Si vous en aimez un autre, aimez-le franchement et chassez-moi; mais, sous prétexte de me ménager, ne me torturez pas et ne m'associez pas à ce triste pêle-mêle d'affections indigne de notre amour passé, indigne de vous.

Je le plains, celui que vous aimez, car il vous

aimera, et combien il souffrira quand votre caprice sera passé !

Vous me meurtrissez en ce moment, et, vos ongles dans le cœur, je ne puis dire qu'une chose : Je vous aime et vous bénis pour le passé. Mais, si vous devez me tuer, eh bien, achevez-moi !

OLIVIER.

XII

Lundi, mardi, mercredi, jeudi, vendredi, samedi, — pas une lettre !

Est-ce donc aujourd'hui qu'il faut se dire adieu ? Le caprice est mort, qu'il repose. Quelle bonne folie nous avons faite, et le bon billet qu'avait La Châtre ! On parlait de l'été prochain ; on parlait d'aimer une année encore après cet intermède d'hiver. Comme si l'amour revenait jamais sur ses pas !

Allons ! je veux m'habiller de deuil et mener moi-même la danse. Donnez-moi mon bel habit noir, mon pantalon noir étroit aux genoux, une cravate blanche et des gants drapés noirs, noirs comme la feuille d'oranger qui s'effeuille aux jours des caprices enterrés. Hope-là !... voilà le cortége qui s'avance.

En tête, dans la voiture du clergé, les illusions, les mensonges des premières heures, qui jetteront l'eau maudite sur la fosse et prononceront le discours d'usage. Puis notre amour couché dans son cercueil, roulé dans un des draps de Ville-d'Avray. La boîte est pleine de jasmins, de roses et de pois de senteur, de myosotis aussi. Il est noyé dans un bouquet. Pauvre cher pétiot, peut-on le regarder sans larmes? Si blanc, si rose, si frais, si pur, mourir ainsi! Il était trop sincère, sans doute, trop monotone.

Six chevaux traînent le char. Ils sont empanachés comme des fonctionnaires publics un jour de *Te Deum*. A chaque pas, ils balancent leur tête de haut en bas, comme s'ils approuvaient cette funèbre débauche. Le cocher a le nez rouge. Cela égaye un peu le cortége. Le rouge et le noir font admirablement.

Derrière la voiture, mon corps, dansant à perdre

haleine, vide de cœur, vide de cervelle. Où couchera-t-il ce soir? La Morgue et Charenton font sa couverture. Ne vous disputez pas, de grâce; expliquez-vous en gens comme il faut. Vous l'aurez l'un après l'autre. Hope-là... un peu de musique, que ce corps saute en cadence!

Ensuite défilent les garçons de Bignon, ceux de Voisin, ceux de Foyot, leur serviette sous le bras. La fille de l'hôtel de Ville-d'Avray pleure à fendre en deux le mont Cenis et l'isthme de Suez. Joséphine marche après, tenant Don Carlos en laisse. Puis, pour fermer la marche, les voitures de minuit et l'omnibus de Ville-d'Avray.

Qui donc a loué la fenêtre d'où tu regardes le défilé? Qui donc est au balcon, à ton côté?

Sur le parcours du cortége, là où les *gens* n'ont pas trouvé de larmes, les *choses* ont pleuré. Les acacias de Nanterre ont retrouvé des fleurs et les ont secouées sur la bière. Les buissons du bois de Meudon ont retrouvé des parfums printaniers et les ont lancés dans l'air. Le soleil a rallumé ses rayons et le plus beau d'entre eux ne quitte pas le cercueil.

Adieu la chambre blanche, adieu le pain noisette,

le coussin à terre près du divan! Adieu les gares, les wagons; adieu les bouquets glanés ensemble, le poulet à la diable et le beurre de Montpellier; adieu les rendez-vous furtifs, les billets au crayon écrits en chemin de fer; adieu toutes les bonnes choses sincères et loyales qui ont illuminé ces mois passés! A d'autres!

Voici l'automne, les amours poitrinaires tombent avec les feuilles sèches.

A qui le tour?

OLIVIER.

XIII

Cher aimé,

Prends, demain dimanche, le train de onze heures ; la porte du jardin sera ouverte. Tu arriveras à la maison à une heure moins un quart, et je te verrai jusqu'à trois heures moins un quart. Je serai bien heureuse de te revoir un moment. Comme ta chère lettre m'a rendue triste !

Si tu n'es pas allé aux Trois-Quartiers, voilà un morceau. Je serai bien contente si tu me trouves la même chose.

A toi,

MARCELLE.

Réponse au porteur, longue réponse.

XIV

Lundi, 16.

Pleut-il assez, mignonne, et ne semble-t-il pas que le Créateur a doré le soleil et azuré le ciel uniquement pour réjouir les amours partagées pendant les quelques secondes de joie qu'il leur abandonne ? Certes, j'aime les *Huguenots*, *Faust*, *Guillaume Tell;* mais il n'est pas une mesure de ces merveilles qui m'ait autant réjoui que l'a fait ce matin le cliquetis de la pluie sur mes carreaux. La bonne musique ! comme elle accompagne bien les paroles qui me sauteraient du cœur aux lèvres si je pouvais parler! L'amour fait relâche : à moi la pluie, le vent, la boue;... rentrez les fleurs et le soleil!

Il y a vraiment de bien étranges coïncidences. Le hasard prend parfois des allures précises, régulières, qui ont toute l'apparence d'un parti pris. Remarques-tu que nos séparations indéfinies servent d'épilogue à toutes les visites de Lucile? Tu ne tiendrais aucun compte de ses conseils, je le sais; tu m'aimes trop pour écouter des avis contraires à notre attachement, tu me l'as prouvé, chère aimée; mais, en vérité, je n'ose plus penser à cette adorable femme sans faire des deux mains les cornes napolitaines qui conjurent la jettatura. Toujours est-il que nous nous sommes bien aimés pendant son absence.

Je réclame un bon point, un gros! un bon point géant.

Lorsque tu m'as dit : « Nous ne nous verrons pas demain, je ne sais plus quand nous nous reverrons, » et cela avec un bon sourire, avec un doux regard, qui m'ont rappelé le sucre dont on enveloppe les médecines par trop amères, je n'ai pas répliqué. Tu m'as signalé une impossibilité pour vendredi, tu ne m'en as signalé aucune pour ce soir; et je me disais : « Si nous ne devons pas nous revoir de longtemps, pourquoi perdre cette soirée? » Je n'ai rien dit, parce que je ne discute pas ma consigne : j'obéis, j'obéirai.

Je me hâte un peu trop de parler d'obéissance; je médite une révolte.

Après t'avoir quittée, j'ai, comme à l'ordinaire, ruminé le bon et le mauvais de nos causeries. Croirais-tu qu'alors seulement j'ai compris toute la cruauté d'une de tes phrases? Je l'ai écoutée et laissée passer sans y trop prendre garde, mais, quand je me suis trouvé seul avec mes pensées, le frisson m'a pris, et un cercle de glace m'a ceint les reins.

Après m'avoir annoncé que dans huit jours tu cesserais de jouer, que tu allais entrer en répétitions et que tu profiterais de ces six semaines pour faire disposer à ta guise une nouvelle loge, tu as ajouté :

« Il ne faut plus qu'on te voie au théâtre. »

Comme cela a l'air innocent, simple, candide! Neuf mots et voilà tout! Neuf mots pour dire : « Ces huit pieds carrés où notre amour est éclos, où il a grandi, fleuri, pleuré, vécu; cet abri qui dans huit jours sera fermé pour nous, ces murs que nous ne verrons plus, que la première venue va habiter, quitte-les sans tourner la tête. » Tu as cru que je le pourrais! Il faut que tu ne saches pas combien je t'aime. J'ai écouté cela sans comprendre. Aurai-je eu le courage de m'en aller comme je l'ai fait, si je t'avais comprise? Non, cela n'est pas possible; cela ne sera pas. J'y veux venir une fois encore; je veux, en quittant ces murs, savoir que je leur dis adieu. Ma vie, ma vie heureuse s'est passée tout entière dans cette logette. Qui sait ce que nous réserve l'avenir? Le passé est à moi et je chéris follement tout ce qui s'y rattache. Tu me la pardonneras, cette première désobéissance, tu me la pardonneras. Pour qu'il en soit autrement, il faudrait que tu fusses cruelle, mauvaise, et... tu me la pardonneras.

Soigne-toi, douce jolie, et ménage ce corps que j'aime. Tu dois aimer ce qui m'est cher; je t'aime tant, qu'il faut, pour l'amour de moi, avoir pour toi les plus grands ménagements. Puisque cette grande joie m'est refusée de veiller sur toi, veille pour moi, chère, et rends-moi bon compte de cet être précieux que je te confie.

A toi,

LE CHEVALIER BEAU-TEMPS.

Je voulais de la pluie, mais je n'avais pas demandé de tonnerre, et le voilà qui gronde. A quoi bon? que signifie ce tonnerre par un temps froid? C'est bien pour le plaisir de mal faire qu'il gronde ainsi. Tu seras malade, ce soir, assurément. Comment le saurai-je? Tu devais te lever à trois heures, il est trois heures moins dix. Pourvu que tu n'aies pas devancé l'heure et ne sois pas partie pour Enghien ! Cela est presque toujours ainsi aux jours de nos séparations. Je suis inquiet, très-inquiet. Le tonnerre me fait trembler maintenant. Mon Dieu, la mauvaise journée ! A quoi sert-elle? Elle ne fait qu'ajouter sa part d'heures inutiles à toutes celles qui me séparent de toi.

Je voudrais te faire construire un refuge tout capitonné, encombré de choses aimées à ne savoir où les mettre, où pas un bruit n'arriverait. Les portes seraient solidement closes, et nous n'aurions pas d'autre clarté que la lueur des lampes. Les éclairs pourraient flamber à l'aise sans que tu en fusses incommodée. Aux jours d'orage, nous y chercherions un abri. Alors la voix du tonnerre serait une voix amie, et la lueur des éclairs un signal béni.

La pluie a cessé, le tonnerre se tait. Je voudrais pouvoir te donner mon beau temps. Tu le sais, je suis ton paratonnerre; quand je ne serai pas là, l'ennemi en profitera toujours.

XV

Enghein,

Notre amie ne peut pas vous écrir elle me charge de vous écrir qu'elle ne peut pas vous voir comme elle vous avais dit quand elle pourra vous voir elle vous écrira.

Je vous salut.

LUCILE.

XVI

Suis-je fou? suis-je ensorcelé? suis-je malade? Je n'en sais rien. Ce que je sais, c'est que je n'ai jamais autant souffert et que je n'en puis plus. Ma tête essaye inutilement de faire autre chose que de penser à toi; mon cœur ne peut battre que pour toi, mes bras ne peuvent se tendre que vers toi, mes pieds ne peuvent que me conduire auprès de toi. Tout ce qui n'est pas toi ou ton image me brûle les yeux. Ce que je touche me fait froid lorsque ce n'est pas toi que ma main rencontre. Je suis une machine à t'aimer, je ne sais plus faire autre chose.

Quand je regarde en arrière, je suis effrayé du chemin que nous avons fait. Quel enchantement! quel éblouissement! toute ma vie est dans ces quel-

ques heures. Mais combien est plus rapide encore le chemin que nous parcourons! J'ai le vertige, je te le jure, quand je vois avec quelle vitesse nous revenons sur nos pas. Ces fleurs, que chacun de tes sourires faisait éclore, perdent leurs feuilles à tout instant; j'ai beau leur crier de vivre, elles se flétrissent, et je ne sais que devenir au milieu de toutes ces choses adorées qui me quittent.

Combien je suis puni d avoir été heureux! Pourquoi, chère âme, m'avoir initié à toutes ces jouissances, puisqu'elles devaient finir si tôt? Comment vais-je vivre? Pourquoi vais-je vivre? Vais-je vivre? Je ne sais plus où j'en suis. La terre peut bien tourner en sens inverse sans que je m'en doute. Que me font les heures qui ne me rapprochent pas de toi?

Tu as été émue, m'as-tu dit, en voyant, lors du retour de nos troupes, ces drapeaux en lambeaux qui passaient devant toi. De glorieuses loques pendaient informes à une hampe noircie; le rouge, le blanc, le bleu, avaient fini par se confondre et former une couleur splendide qu'on ne voit qu'aux drapeaux de guerre. Pourquoi ne serais tu pas émue en voyant mon cœur plus déchiré encore après le rude combat qu'il livre pour toi? Mon cœur, c'est ton drapeau, il est à tes couleurs, et je te jure que je le porte bravement au plus fort de la mêlée. Il a d'abord passé, sans qu'on le redoutât, par de délicieux sentiers. Il était encore roulé autour de sa hampe, et c'était un inoffensif ami qui le portait. Puis la route s'est élargie, quelques plis du drapeau se sont déroulés, mais on ne lui prêtait encore qu'une attention légère : la nuit, tous les drapeaux sont gris, et il faisait si voluptueusement sombre dans ces voitures de minuit ! Que de baisers à ouvrir le ciel à deux battants se sont donnés dans ses plis ! Enfin, il s'est déployé, et, musique en tête, il est entré à Ville-d'Avray. Oh ! douce victoire qui ne laisse de part et d'autre que des vainqueurs ! C'est à douter de la mort, puisqu'on ne meurt pas d'être si heureux. Tout souriait, en ce temps-là, et tu m'appelais M. Beau-Temps. Ont-elles vraiment existé ces heures bénies? si elles ont existé, ne reviendront-elles plus ?

Tout est fini ; le pauvre drapeau n'est plus qu'un haillon. Une femme s'est mise de la partie, et elle parle un langage qu'on a qualifié, — c'est à n'y pas croire, — de langage de raison. Comme si « *nécessité* » et « *raison* » étaient de même race !

Si la Raison avait pris la parole, elle eût dit : « Heureux êtres, profitez de ce que le sort a le dos tourné. Aimez-vous. Rien n'est bon, rien n'est beau, rien n'est raisonnable, entendez-vous, que l'amour. Puisque, par miracle, il s'est rencontré deux êtres qui s'aiment véritablement, moi, la Raison, je dis qu'il est raisonnable qu'ils s'aiment, et que hors de là, tout est folie.

Mais c'était bien à la Raison de parler ! Une hideuse guenon avait la parole. Ce monstre faux, vil, rapace, hideux et lâche, s'appelait la Nécessité; c'est lui qui a porté les premiers coups de griffe au glorieux drapeau que j'arbore. Je n'ai pas reculé, mais... quelles meurtrissures j'ai reçues ! Quand nous en serons à compter les blessures, vous en serez effrayée.

Cependant, chère aimée, tu as été bonne plus

qu'il ne t'était permis de l'être pendant ces terribles minutes, et tu as si bien fait petiller notre amour, que j'ai plus que jamais perdu la tête. Mais la Nécessité, soutenue par la sage Lucile, n'a pas eu moins de ténacité que nous j'ai bien peur qu'elle ne triomphe. Je ne reculerai pas d'une semelle, mais il ne restera bientôt plus rien du pauvre drapeau.

Tu m'as aimé; je t'ai bénie, je te bénis et te bénirai quand même; mais quel bonheur qu'on ne puisse aimer ainsi qu'une seule fois! Depuis cette navrante découverte, je n'ai vécu que pour souffrir. J'ai maudit mes maigres ressources et me suis trouvé criminel de n'être pas riche. Je sens tout ce que mon rôle a d'indigne, et je n'ai pas encore eu le courage de te débarrasser de moi. Je mens à toutes mes idées passées; je m'applique à me torturer, et trouve dans tes paroles mille sujets de me meurtrir. C'est qu'autrefois il n'y avait qu'un obstacle devant moi; il y en a trois maintenant : M. B., l'inconnu et toi-même, qui trembles et te déshabitues de m'aimer.

Veux-tu que je te dise? Eh bien! tu as peur de l'amour que j'ai pour toi; tu le sens trop vivace pour finir à heure fixe, et tu voudrais bien ne pas avoir été si avant. Tu m'aimes encore, mais ils s'appliquent à t'effrayer, ces gens qui ne voient dans l'amour qu'un passe-temps ou un commerce.

Avons-nous raison de souiller notre bel amour, et ne devons-nous pas le tuer, pour qu'il ne finisse pas en lâche? Une telle passion doit-elle avoir une fin banale? Que de fois je me suis posé ces terribles questions! Et toujours je me suis répondu : — Si Marcelle m'aime comme je l'aime, si Marcelle m'aime comme elle m'a aimé, le drapeau doit flotter encore. Tant qu'il me restera en main un tronçon de la hampe, je tiendrai bon. Mais si Marcelle ne m'aime plus, si de son cœur blessé l'amour tombe goutte à goutte, je me rends. Notre amour avait de larges ailes et pouvait voler, à l'abri de toute souillure, bien au delà des plus hauts nuages. S'il se traîne terre à terre, si j'aime seul aujourd'hui, étouffons-le, de peur qu'il finisse dans la boue.

Dans ce cas, je te demande une dernière entrevue. Je te presserai si fort dans mes bras, chère adorée du passé et de l'avenir, que mon cœur se brisera peut être pour toujours dans cette étreinte. Mais, va, quoi qu'il arrive, je t'aimerai, et tu n'auras pas besoin d'appeler bien haut pour que mon cœur vole sur tes lèvres.

OLIVIER.

XVII

Enghien.

Viens ici dimanche, à deux heures.

Tu prends au tragique un tas de choses qui ne sont pas faites pour ça.

Marcelle.

C'est le moment des glaïeuls. On peut aussi planter les rosiers remontants. Les « Gloire de Dijon, les Lord Raglan et les Madame Prévost » m'ont toujours réussi. Je voudrais aussi une petite collection de fuchsias. Il y en a un qu'on appelle le

« Victorien Sardou, » qui est drôle comme tout. Tâche de me trouver ça, et aussi un sécateur et des étiquettes pour jardin. Tu demanderas ce que coûtent les sacs pour le raisin. Ça se vend par douzaines. Si tu m'envoies cela avant dimanche, tu seras bien mignon.

Je t'aime tout plein.

XVIII

Chère aimée,

Si vous avez vos nerfs, si vous êtes triste, si vous avez à faire toilette, si vous êtes souffrante, si vous avez à travailler, si vous dînez en ville... ne lisez pas cette lettre ; déchirez-la sans pitié, et faites-en les morceaux bien petits.

Quelle drôle d'entrevue ! qu'aviez-vous aujourd'hui ? Je me suis posé et reposé cette question cent et cent fois.

« Madame prie Monsieur d'attendre dans le salon. »

Monsieur s'assied, attendant Madame. La chère Madame arrive, annonce qu'il faut qu'elle coiffe son amie Lucile et qu'elle n'a que quelques instants à donner à Monsieur. A quoi Madame emploie-t-elle ces quelques instants? à chagriner le pauvre Monsieur. Puis, après l'avoir bien turlupiné, elle passe à sa toilette.

« C'est drôle, a dit Madame à Monsieur, tu ne me fais pas du tout l'effet d'être le même. Il me semble que je te vois pour la première fois. »

Et musette qui n'est plus elle,
M'a dit que je n'étais plus moi.

Cette encourageante apostrophe est suivie d'une autre non moins tendre :

« Tu m'aimes trop; je ne veux pas que tu m'aimes sérieusement comme cela. Notre amour n'a jamais eu de lendemain probable; tant mieux s'il en a, tant pis s'il n'en a pas. »

Oh! le joli petit coup de canif dans le cœur de Monsieur! Comme cela a été bien appliqué! Comment pouvais-je être le même en présence de cette fausse Marcelle ? Était-ce la Marcelle de

l'avant-veille, celle du bois de Meudon, celle du théâtre, celle enfin de tous les jours qui ont précédé celui-ci ? Non, non, non, ne calomnions pas la Marcelle des beaux jours.

Tu as depuis quelque temps une préoccupation constante ; tu parais te demander : « Quand cela devra finir, comment cela finira-t-il ? S'il m'aime trop, ne va-t-il pas souffrir, le pauvre garçon ? ne va-t-il pas me poursuivre, etc., etc. ? » Ces phrases d'aujourd'hui n'en sont-elles pas la preuve ? « Je ne veux pas que tu m'aimes autant. Dis-toi bien que notre amour ne doit pas avoir de lendemain. » Pourquoi revenir sans cesse sur ces mêmes idées ?

Je fais cependant tout pour te rassurer. Qui a jamais fait preuve d'une plus grande réserve ? A chaque instant je réprime les élans qui me poussent vers toi, parce que ce n'est pas dans la consigne. N'aie pas peur, mignonne ; un geste, un mot, un froncement de sourcils, te débarrasseront de moi.

Tu affectes de me dresser comme on dresse les chiens de chasse. Tu t'habilles, tu te fais pimpante, j'assiste à cette toilette. Il serait tout simple de me dire ce que tu dirais au premier venu : — « Je vais dîner chez une amie. — Je vais au spectacle, » etc. — T'ai-je fait une question, une observation ? Jamais. Tu m'aimes, je le crois ; tu ne fais rien de mal, c'est convenu ; mais, tiens, ce rôle que tu m'infliges n'est digne ni de toi, ni de moi, ni de notre amour. Je l'accepte parce que je suis un fou, un lâche ; pourvu que tu me permettes de passer quelques instants dans ton ombre, fût-ce pour y pleurer, je te bénis. Douce aimée, rassure-toi, et ne prends pas plaisir à me faire souffrir.

Sais-tu que tu as été abominablement mauvaise ce matin ? Ta méchanceté t'a fait trouver des phrases indignes de toi ; celle-ci, entre autres : « Penses-tu que je jouerais la comédie pour te faire croire que je t'aime ? Quand je joue la comédie, on me paye, et tu ne me payes pas. » Et tu n'étais pas colère en disant cela, non ; tu répondais à une phrase tout affectueuse. Ce qui m'a épouvanté aujourd'hui, c'est que tu n'as pas eu un seul instant de mauvaise humeur.

Tu t'es mise à ta toilette. A chaque progrès que tu faisais, ton œil brillait davantage. « Je deviens coquette, » m'as-tu dit. Que tu prennes du goût pour toi, ce n'est pas ce qui peut me surprendre ; mais ce que j'ai moins bien compris, c'est que tu aies ajouté : « Je veux que tout le monde trouve jolie celle que tu préfères et le lui dise. » Encore si j'assistais à ce concert d'éloges!

Combien je vous aime mieux, chères robes qui avez traîné vos plis sur les mousses vertes, chapeaux ôtés dans les wagons, costumes simples qui ne disiez rien du passé! Voilà les toilettes que je réclame quand tu viendras avec moi. Souris devant ton miroir, mignonne, fais-les damner, ceux que tu rencontreras; mais n'oublie pas que c'est un jeu bien dangereux... pour moi, et prends pitié de ton pauvre caniche, s'il a peur quelquefois.

Non, certes, je n'ai pas été moi. Je suivais cette transformation qui s'opérait sous mes yeux; j'étais tout entier à ce spectacle; et puis, comment embrasser une tête si bien coiffée? comment baiser ces lèvres pleines de méchancetés? comment caresser ces mains aux ongles tranchants? Non, je n'étais pas le moi d'autrefois.

Le ciel est d'un bleu désespérant.

OLIVIER.

XIX

Que tu as été belle hier pendant cette répétition générale, et que j'étais malheureux de ne pouvoir pas te le dire ! On a dû tant le répéter ! La même seconde me voyait heureux, malheureux, et d'autant plus fou que je tenais à paraître indifférent. Que sera-ce demain ?

Pendant tes scènes avec Lorely, je fermais les yeux. En écoutant ta chère voix, mille précieux souvenirs s'éveillaient en moi. Il me semblait que tu me parlais comme aux beaux jours, et mes mains se glaçaient ; et si l'on m'avait adressé la parole, il m'eût été impossible de répondre, de bouger; tout mon être était paralysé. Puis j'ouvrais les yeux, et, te voyant dans les bras de Lorely, je me sentais frappé au cœur et au cerveau. Quelle étrange soirée! Ai-je souffert? étais-je heureux? Je n'en sais rien; mais je suis rentré brisé.

Tu es belle à miracle, chère grande artiste. Se peut-il que cette merveille m'ait aimé!

Toi, vois-tu, Marcelle, tu vous affoles. Les autres femmes, on les aime; mais ce n'est pas assez d'aimer pour te rendre ce qui t'est dû. Quand je te vois, mon sang bout dans mes veines, un nuage passe devant mes yeux. Tout mon être aspire tellement au tien, que tout se fait sensible en moi. Mes cheveux ont des frissons, mes ongles vivent, je les sens trembler au bout de mes doigts qui te cherchent...

A quoi bon tout cela? Est-ce l'heure de chanter matines quand a sonné le couvre-feu? Tu n'es plus à moi.

Ai-je été sage toute cette semaine! T'ai-je gênée? M'as-tu vu sur ton chemin? Non, n'est-ce pas? Eh bien, n'est-il pas bon de se dire :

« Il y a de par le monde un brave garçon qui me chérit follement, qui pense à moi à toute heure, qu'il veille ou dorme? Si je veux savoir qu'on m'aime, je n'ai qu'un signe à faire, on me le prouvera à n'en pouvoir douter; si je veux oublier, on rentrera dans l'ombre, attendant mon prochain caprice.....» Mais que je suis fou! n'y a-t-il pas d'autres cœurs qui battent la chamade en même temps que le mien? Quel roulement on entendrait si tous ces cœurs réunis battaient en même temps! Tu n'as qu'à choisir dans ton troupeau.

N'oublie pas le passé, tu me l'as promis; il a été si beau! Combien l'avenir peut être splendide à son tour, si tu m'aimes encore! Ma foi, tiens, franchement, je te le souhaite, car j'ai appris à t'aimer, et quand tu m'ouvriras tes bras, ce n'est pas à tâtons que je m'y jetterai.

Adresse-moi de loin en loin une bonne parole, un bon regard, ce sera une charité bien placée.

Continue, maîtresse sublime, à te faire applaudir jusqu'au jour où tu pourras te faire aimer.

OLIVIER.

XX

20 octobre.

Cher souvenir,

Bien des fois nous avons formé ce beau projet d'aller voir la neige à Enghien.

Lors de notre dernier déjeuner, vous avez dit : Louise : « Vous nous reverrez avec la première neige. »

La première neige est là, le ciel est bleu, le froid n'est pas vif. Voulez-vous de moi demain? Donnez vos ordres au porteur.

OLIVIER.

XXI

Notre amie ne peu pas aller avec vous voir la neige parce qu'il fait froi et puis nous dinons dehors et au spectacle après. Elle vous demande d'allé au Bazar lui acheté des parétincelles pour la cheminé de son salon et de sa chambre a couché et de toilette. Elle ne sera pas chez elle de toute la semaine, prené les en cuivre doré.

Je vous salut,

LUCILE.

XXII

2 novembre.

C'est aujourd'hui le jour des Morts. J'ai bien peur que ce ne soit le cas de parler un peu de votre attachement pour moi. J'ai lutté tant que j'ai pu, voulant me donner l'âpre jouissance d'épuiser toutes les douleurs dont vous pouviez disposer, après avoir savouré toutes les joies que l'on peut tenir de vous. Je ne vous envie pas ce triste avantage d'être affranchie de notre amour. Je garde cette tendresse en moi, et si je n'ai pas achevé déjà ce cœur meurtri, c'est que je respecte en lui le reliquaire qui vous a contenue. Il semble même que j'aie ajouté votre part à la mienne, à mesure que l'amour s'en allait de vous.

Puisque l'heure est venue, adieu, Marcelle. Vous avez choisi votre jour à merveille pour me dire adieu.

Je ne veux pas me donner le triste plaisir d'énumérer vos cruautés dernières ; un baiser eût cicatrisé toutes les plaies. Non, je veux les oublier et concentrer mes souvenirs sur les cinq mois pendant lesquels vous m'avez ouvert votre beau paradis. C'est, à ce qu'il paraît, une loi fatale que les paradis demeurent déserts.

Soyez aussi heureuse que je suis malheureux.

OLIVIER.

XXIII.

31 décembre.

Cette lettre est la dernière de la plus belle des années de ma vie. Il me semble que le dernier lien qui m'unissait à toi se brise. Il faudra dater mes souvenirs de l'année passée. Quelle chose singulière, pourtant! si tu ne m'avais jamais aimé, j'aurais plus d'espoir d'être aimé un jour. C'est, en effet, chose accomplie, passée, finie, usée, que cet éternel amour. Il a si bien flambé qu'il est en cendres. Et moi, misérable, j'aime comme au premier jour!

Il faut me pardonner ce dernier murmure. Je vais enterrer tout vivant mon pauvre amour au plus profond de mon cœur. Si ses cris arrivent encore jusqu'à toi, de bien loin en bien loin, fais semblant de ne pas les entendre. Déguisé en amitié, il aura encore bon air, tu verras. Tu ne peux pas m'en vouloir, n'est-ce pas, si j'ai tant de chagrin en voyant finir cette année, qui n'a pas eu sa pareille, et qui ne sera jamais égalée ; cette année à laquelle je penserai tant que je penserai?

Toi, chère aimée, prends le bon de la vie, aussi longtemps qu'il se laissera prendre. Si le bonheur t'échappe, appelle-moi. Je ne serai jamais quitte envers toi pour tant de bonheur prodigué au temps des bois ombreux et des jardins pleins de roses. Toutes les femmes auraient ri de mon aveuglement, de ma bonhomie; mais toi, cher cœur d'or, tu as compris que je m'enfermais dans un passé qui sera toute ma vie. J'élève chaque jour encore, autour de moi, des forteresses pour m'isoler.

Adieu, bonne fée rose; demain vous ne serez plus qu'un ancien souvenir; l'année d'amour sera morte.

Olivier.

XXIV

8 mai.

Qu'es-tu donc devenu, petit? Il y a quelque chose comme quatre mois que je ne t'ai vu. Je crois que tu t'es donné le genre de m'oublier.

Il y a des feuilles aux arbres, il y a des roses au jardin. J'ai toutes sortes de récompenses pour toi, mon pauvre caniche. J'ai bien, bien envie de te revoir. Viens à Ville-d'Avray demain par le train de dix heures trente minutes; je t'attendrai *chez nous*; je commanderai le déjeuner.

Viens et ne m'écris pas.

MARCELLE.

XXV

10 mai.

Vous avez toujours raison, chère femme; mais jamais vous n'avez été plus près de la vérité que le jour où vous m'avez dit : « Tu verras comme je suis mauvaise ! » Ai-je menti quand je vous ai répondu : « Tu verras comme je serai soumis? » O ! la pire, la meilleure, la plus terrible, la plus douce, la plus maudite, la plus adorée des femmes ! pourquoi êtes-vous revenue, si vous ne devez plus venir ?

Quatre mois s'étaient passés lorsque tu m'as rappelé, quatre interminables mois. Pourquoi ne m'as-tu pas laissé dans ma torpeur, si tu devais m'abandonner? Pourquoi m'avoir dit que tu m'aimais encore, si tu ne m'aimais plus? Pourquoi m'avoir promis un adorable été, si l'hiver ne doit jamais finir?

Ce n'est pas un cri de révolte que je t'adresse, despote reconnu, tyran chéri; tu as le droit de me faire souffrir toute ma vie, après les cinq mois splendides que tu m'as donnés; mais Dieu t'épargne, à toi, ce supplice d'attendre sans cesse un bonheur qu'on vous promet, qu'on fait miroiter à deux doigts de votre cœur, et qu'on écarte alors que vous vous croyez le plus certain de le tenir!

Tu n'as aucun intérêt à me torturer cependant; c'est donc par amour du grand art de coquetterie que tu me frappes si cruellement? Tu n'as pas grand mérite à cela, cher bourreau, car je m'offre à tes coups, trop heureux si je puis baiser l'ombre de la main qui m'a meurtri.

Quand je t'ai vue venir hier, quelle joie j'ai ressentie! Puis tu m'as dit que tu étais malade, et j'ai été tout préoccupé. Ton malaise a augmenté avec une rapidité terrible. Tu m'as parlé de rêves irréalisables... j'ai compris. Quand tu m'as appelé près de toi, mon cœur battait à me faire souffrir; tes bras sont restés fermés. Alors, ce qui s'est passé en moi, nul être de ce monde ne le pourrait exprimer. Le baiser est pour moi une chose sacrée; un baiser frauduleux est une impiété. Tout en moi aspirait à s'unir à toi; mon sang était à l'étroit dans mes veines, mes lèvres avaient des frissons, des courants glacés me parcouraient... et tu t'es endormie.

T'en ai-je voulu? Dieu sait que non. Jamais je ne pourrai t'en vouloir. Mais je me suis rappelé ce pauvre jardinet de ta toute jeunesse, que nous sommes allés visiter au temps heureux. La calèche était restée au loin, sur la route, et nous avions pris à travers champs. Ton chien sautait dans le seigle fraîchement coupé, et, les pattes meurtries, il aboyait pour qu'on le portât. Tu arrivas près de l'enclos, et par-dessus la haie tu promenas les yeux sur ces plates-bandes ensemencées de souvenirs. Mais les souvenirs te parurent fanés, et tu revins avec une désillusion. J'eus un moment de tristesse et je me dis : « Tu seras un jour comme ce jardin, et alors malheur à toi! car tu n'as pas la terrible indifférence de la nature. Machine à souffrir, tu souffriras. » Mais à quelques pas du courtil tu me baisas et tu me dis que tu m'aimais. Aussitôt le jardin fut au bout du monde. Quelles bonnes choses tu m'as dites! quelles douces choses tu m'as prouvées au retour!

L'autre matin, à tes côtés, je revis le jardin, je te revis te dressant sur tes pointes, en quête d'une désillusion, et je me dis : « Elle a fait une épreuve qui n'a pas réussi, et, par-dessus la haie, aussi fleurie qu'autrefois cependant, elle n'a plus vu l'amour. » J'ai compris que cette fois tout était fini pour moi. Si tu m'avais tué sur place, quel service tu m'aurais rendu!

Tu as devancé l'heure du départ, et une fois dans la voiture tu souffrais moins.

Depuis ce moment, moi, je souffre mort et passion, sans t'en vouloir pourtant. Ce n'est pas ta faute, après tout; tu aurais bien voulu retrouver les heures passées,... tu es venue à moi... Ah! misérable que je suis!

Pourquoi es-tu revenue?

Tu m'as mis dans un bel état, va! et comment faire pour cesser de t'aimer, puisque je ne puis t'en vouloir de rien? Appelle-moi, veux-tu? je saurai bien deviner ce que je puis dire ou penser. L'été passe, tu vas encore répéter... que sais-je? Peut-on gaspiller l'amour comme cela!

OLIVIER.

Après que tu auras fait ton choix, renvoie-moi les échantillons qu'on m'a prêtés à grand'peine.

XXVI

2 juin.

Je suis allé chez le vétérinaire, comme tu me l'as fait demander. J'ai vu notre pauvre ami. Qu'il avait l'air triste, attaché court dans un chenil, sur une planche couverte de paille! A sa droite, bêlait une chèvre infirme; à sa gauche, aboyait un chien en convalescence.

Quand je suis entré, il s'est levé lentement. Je me suis approché, et il a jeté ses bonnes grosses pattes autour de mon cou. Puis il a posé sa tête sur mon épaule, et ses yeux exprimèrent mille choses qui me navraient. « Qu'ai-je fait?

semblait-il me dire. Ai-je moins aimé qui m'aimait? » Aimer! la belle affaire!

Je l'ai couvert de caresses, cherchant le reste de tes baisers dans sa toison.

Nous sommes restés un instant enlacés, si bien que le vétérinaire n'y comprenait rien. On lui avait déjà coupé les dents. Je l'ai vu tout de suite, parce qu'il se léchait les gencives en me regardant de côté, comme pour me montrer ce qu'on lui avait fait. Il a mangé, et, près de lui, un autre chien, qui venait de subir la même opération, rongeait une croûte de pain. Toujours il cherchait à m'embrasser; les larmes me venaient aux yeux. Si je n'avais pas eu pitié de lui, je l'aurais emporté; mais il eût été trop malheureux dans ma chambre de garçon.

Pauvre camarade! Son règne a duré un an, comme le mien. Nous avons tous deux pâti l'hiver, tous deux nous attendions l'été, tous deux nous avons eu quelques heures d'espoir, et le même jour on nous a coupé les dents. On nous a trouvés dangereux l'un et l'autre. J'irai le voir avant lundi, car on le conduira après à Évreux. Je ne le verrai plus. Cependant, comme je suis un peu souffrant depuis quelques jours, et que cela va de mal en pis, à cause des chaleurs sans doute, si je n'écrivais pas, n'en sois pas étonnée.

Adieu, ma chère veuve ; pense à tes deux pauvres chiens.

Olivier.

Cette dernière lettre n'était pas décachetée. Comme elle ne portait aucune adresse, je ne me suis pas fait scrupule de la lire. Il est probable qu'on l'aura renvoyée, sans l'ouvrir, au pauvre garçon qui l'a écrite, en y joignant la correspondance d'autrefois.

Le paquet est arrivé trop tard... heureusement.

XXVII

28 juin.

Si tu n'as rien à faire mardi prochain, va donc à Sainte-Geneviève. Si je calcule bien, c'est ce jour-là qu'on m'enterrera. J'ai recommandé au concierge de faire la déclaration un peu tard pour que le service n'ait pas lieu de trop bonne heure, et que cela ne te fasse pas lever plus tôt. J'en ai encore pour deux jours. On ne se fait pas idée, aux heures où l'on est heureux, combien c'est long et difficile de mourir.

Je ne vois plus personne du tout; si tu viens, tu seras toute seule. Ne t'avise pas, par exemple, d'aller au cimetière sous le soleil qu'il fait. Si tu ne peux pas venir, ça ne fait rien, mais dis une

prière pour moi qui vais... Je n'en puis plus..... Je t'ai bien.....

FIN.

Imprimerie de A. POUGIN, 13, quai Voltaire.

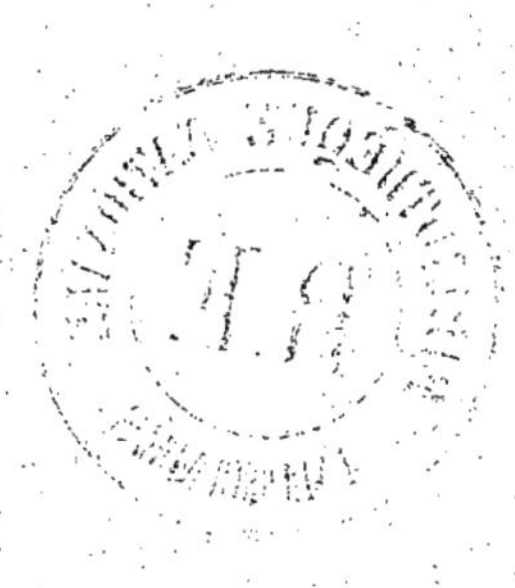

www.ingramcontent.com/pod-product-compliance
Ingram Content Group UK Ltd.
Pitfield, Milton Keynes, MK11 3LW, UK
UKHW021104200726
13857UKWH00003B/1091